Dieses Buch gehört

_____ _____

_____ _____

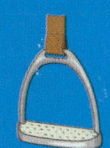

Liebe Eltern,

wir wollen Ihr Kind beim Lesenlernen unterstützen, und zwar mit Geschichten, die Spaß machen.

Unsere Bücher mit dem liebenswerten Leselöwen begleiten Ihr Kind durch die 2. Klasse. Sie enthalten Geschichten zu spannenden Themen, mit einfachen Sätzen und gut lesbarer Schrift. Viele bunte Bilder sorgen für Lesepausen und helfen, die Geschichten zu verstehen. Mit den Aufgaben zum Text kann Ihr Kind selbst prüfen, ob es den Text richtig verstanden hat. Zu den markierten Wörtern warten am Ende des Buches spannende Fakten und in unserem Onlineportal finden Sie viele weitere Extras.

So wird Ihr Sohn oder Ihre Tochter zum echten Leselöwen!

Ihr

Leselöwe

Jetzt geht es los!

Pippa Young

Der erste Ausritt auf Ponyhof Apfelblüte

Illustriert von Lisa Althaus

Übersetzt von Sandra Margineanu

Mit besonderem Dank an Victoria Holmes

Ihre Meinung zählt!

Nehmen Sie jetzt an einer kurzen Elternbefragung
des Loewe Verlags teil und beeinflussen Sie
die zukünftige Entwicklung unserer Kinderbücher:

www.elternbefragung.online

ISBN 978-3-7432-0976-3
1. Auflage 2021
Copyright Text: © 2020 by Working Partners Limited Series
Created by Working Partners Limited
Alle Rechte vorbehalten.
Für die deutschsprachige Ausgabe © 2021 Loewe Verlag GmbH, Bindlach
Aus dem Englischen übersetzt von Sandra Margineanu
Umschlagillustration: Saeta Hernando
Innenillustrationen und Sticker: Lisa Althaus
Umschlaggestaltung: Kathrin Tobian
Vignetten Leselöwe: Angelika Stubner
Printed in the EU

www.leseloewen.de

Inhalt

Marie galoppiert

Oh, ist das schön!
Glücklich sitzt Marie
auf ihrem Lieblingspony Biene.
Reiten ist so toll! Sie kann schon
ganz allein im **Schritt** und im **Trab**
um den Reitplatz reiten.

Marie und Biene traben an.

Die Reitlehrerin Frau Marle

erinnert Marie daran, sich im Takt

zu Bienes Schritten zu bewegen.

„Hoch und runter! Hoch und runter!",

ruft Frau Marle von der Platzmitte.

Flott nähern sie sich dem Gatter.

Da wird Biene plötzlich langsamer.

„Weiter!", drängt Marie und

drückt die Beine an den Ponybauch.

Biene bohrt die Hufe in den Sand.

Ihr Schweif fegt hin und her,

als würde sie Nein sagen.

„Biene mag nicht mehr",
seufzt Marie.
Frau Marle lacht. „Sie ist schlau!
Durch das Gatter geht es zum Stall.
Sie hat wohl keine Lust mehr
und will auf dem schnellsten Weg
nach Hause."

„Freche Biene!", schimpft Marie.

„Sei nicht so faul!

Traben macht Spaß!"

Sanft treibt sie das Pony an.

Biene läuft wieder los und

bald traben sie über den Platz.

„Braves Mädchen", lobt Marie.

„Möchtest du **galoppieren**?",
fragt Frau Marle.

„Ja, gerne!", antwortet Marie.

„Setz dich tief in den Sattel und
gib ihr die Hilfen zum Galopp",
erklärt Frau Marle.

Genau so macht Marie es.

Auf einmal galoppiert Biene los!

Sie reiten einen großen Kreis.

Marie strahlt. Biene ist so schnell!

„Galoppieren ist fantastisch!",

jubelt Marie.

„Lena und Hannah machen morgen
einen **Ausritt** in den Wald",
erzählt Frau Marle später.
„Du warst heute gut.
Wenn du magst,
darfst du sie begleiten."
„Juhu!", ruft Marie begeistert.

Sie klopft Biene den Hals.

„Hast du auch Lust, Biene?"

Das Pony wirft den Kopf hoch.

Marie lacht. „Das bedeutet Ja!"

„Sie liebt den Wald", sagt Frau Marle.

„Aber jetzt bring sie erst mal

zurück in den Stall."

Maries Papa wartet schon
neben dem Apfelbaum.
„Wie war die Reitstunde?", fragt er.
„Fantastisch!", erwidert Marie.
„Ich bin zum ersten Mal galoppiert!
Und ich darf zu einem Ausritt
in den Wald mit", schwärmt Marie.

„Das ist ja super", sagt Papa.

„Ich habe *noch* eine Überraschung."

„Was denn?", will Marie wissen.

„Wir fahren zu einem Reitladen und
kaufen dir **Stiefel** und Reithosen."

„Hurra!", freut Marie sich.

Das Geschäft ist ein Paradies.

Marie weiß nicht,

wo sie zuerst hinsehen soll.

Es gibt Sättel, Zügel, Bürsten

und die schönste Reitkleidung.

„Ich wünschte, ich könnte alles haben", sagt Marie. Papa lacht. „Heute kaufen wir Reitstiefel und eine Hose."

Marie nimmt eine dunkelblaue Hose

mit Punkten und braune Stiefel.

„Danke, Papa!", sagt sie

und umarmt ihn.

Im Wald

Auf dem Ponyhof zeigt Marie stolz
ihre neue Reithose und ihre Stiefel.
Sie dreht sich einmal im Kreis.
„Du siehst toll aus",
sagt Lena lächelnd.
Hannah nickt zustimmend.

Die Ponys Biene, Rapunzel und
Samson warten neben dem Apfelbaum.
In Maries Bauch kribbelt es.
Sie ist sehr aufgeregt.
Gleich reitet sie
zum ersten Mal aus!

Die Mädchen striegeln ihre Ponys,

bis das Fell glänzt.

Lena zeigt Marie, wie sie Biene

satteln und aufzäumen muss.

Marie passt gut auf. Es gibt

so viele Riemen und Schnallen!

Dann steigen die Freundinnen auf.

Lena reitet mit Samson voran.

Hannah und Rapunzel folgen ihnen.

Danach kommt Marie mit Biene.

Biene hat die kürzesten Beine.

Sie muss schnell gehen,

um den Anschluss nicht zu verlieren.

Endlich erreichen sie den Wald.

Hoch ragen die Bäume um sie auf.

Die Schatten am Wegesrand

sind ein bisschen unheimlich.

Auf einmal wird Marie nervös.

Hier ist es ganz anders

als auf dem Reitplatz.

Lena und Samson biegen um eine Kurve
und der Weg wird breiter.
Sonnenstrahlen fallen
durch die Baumkronen.
Die Luft ist warm.
Marie hört Vögel zwitschern.
„Sollen wir traben?", fragt Lena.

Und schon traben
die Ponys nebeneinander.
Ihre Ohren sind gespitzt.
„Das bedeutet, dass sie
zufrieden sind und Spaß haben",
erklärt Hannah.

Marie lauscht dem Geräusch der Hufe

auf dem weichen Waldboden.

Das schönste Geräusch überhaupt!

Lena führt sie

zu einem anderen Pfad.

Er ist schmaler und sie müssen

hintereinander reiten.

„Jetzt im Galopp!", ruft Hannah.

Marie nimmt die Zügel kürzer

und treibt Biene an.

Schnell sausen sie durch den Wald.

„Das ist ja wie fliegen!", denkt Marie.

Sie liebt ihre normalen Reitstunden,

aber das hier ist noch viel besser!

Plötzlich gabelt sich der Weg.

Die Mädchen lassen

ihre Ponys anhalten.

„Wohin willst du, Marie?",

fragt Lena.

„Da lang", antwortet Marie

und zeigt nach rechts.

Bei der nächsten Kreuzung
entscheidet Hannah.
Unter dichten Bäumen
geht es weiter.
Marie entdeckt ein Reh,
das sie aus großen Augen anstarrt.
„Guck mal, Biene", flüstert sie.

Lena zeigt auf einen schmalen Pfad,

der sich durch weiße Blumen windet.

„Lasst uns dort entlangreiten",

sagt sie.

Hannah und Marie folgen ihr.

Neugierig senkt Biene den Kopf

und schnuppert an einer Blume.

Auf einer Lichtung steigen sie ab.

Die Ponys dürfen grasen.

Lena sitzt auf einem Baumstumpf.

„Ich bin so gerne im Wald",

sagt sie.

Marie und Hannah liegen
entspannt im Gras.
„Ich könnte ewig hierbleiben",
sagt Marie. Hannah lacht.
„Geht leider nicht.
Wir müssen zurück."

Verirrt!

Der Weg sieht auf einmal anders aus.
„Wo sind die weißen Blumen?",
fragt Marie.
„Ich weiß es nicht",
erwidert Hannah. „Ich glaube,
das ist der falsche Weg."

Die Sonne ist verschwunden.

Nebel steigt vom Boden auf

und es wird kühler. Marie zittert.

Vor ihnen gabelt sich der Weg.

Lena bleibt stehen und sagt besorgt:

„Ich weiß nicht, wo es langgeht."

„Da lang", sagt Hannah
und lenkt Rapunzel nach links.
Lena und Marie reiten hinterher.
Im Schritt. Denn zum Traben
ist der Weg zu verschlungen.

Im Wald wird es dunkler.

Die Luft ist kühl und feucht.

Marie hätte gern eine warme Jacke.

„Ich kenne diesen Pfad nicht",

sagt Lena. „Vielleicht führt er

in die falsche Richtung."

Auf dem schmalen Weg

können sie nicht wenden,

also reiten sie weiter.

Bis zu einer Kreuzung.

Der Nebel ist inzwischen so dicht,

dass sie kaum etwas erkennen.

Ein knorriger Baum taucht auf.

Er sieht aus wie eine Hexe,

die ihre dürren Arme ausstreckt.

Die Äste knarzen laut im Wind.

Biene springt vor Schreck zur Seite.

Marie klammert sich

in ihrer Mähne fest.

Wieder kommen sie zu einer Gabelung.

Lena steuert Samson nach rechts.

Schweigend reiten sie immer weiter.

Dann macht Biene erneut einen Satz.

Im Nebel taucht ein Umriss auf.

„Der Hexenbaum", ruft Marie.

„Wir sind im Kreis geritten!"

„Wir haben uns verirrt!"

Lena ist den Tränen nahe.

„Lasst uns anhalten", meint Hannah.

„Wir finden den Rückweg schon."

Samson und Rapunzel grasen.

Marie lässt die Zügel los,

damit Biene auch fressen kann.

Doch Biene stapft vom Weg.

Dort zweigt ein schmaler Pfad ab.

„Wo willst du hin?", fragt Marie.

„Du darfst mit den anderen grasen."

Aber Biene blickt stur auf den Pfad.

„Oh!", staunt Marie. „Ich glaube,

Biene will zurück zum Stall."

Das schlauste Pony der Welt

„Frau Marle hat gesagt,
dass Biene schlau ist
und immer den schnellsten Weg
nach Hause kennt", erzählt Marie.
Lena und Hannah sehen sich an.
„Soll uns Biene führen?", fragt Lena.
Hannah nickt.

„Los, Biene!", sagt Marie.

„Du schaffst das!"

Sie hält die Zügel locker

und lenkt Biene kein bisschen.

Biene betritt den Pfad.

Ihr Schweif fegt hin und her.

Dann schnaubt sie und läuft los.

Der Wald ist voller Schatten.
„Hoffentlich verirren wir uns
nicht noch mehr", denkt Marie.
Doch Bienes Ohren
sind aufmerksam gespitzt.
Bei einer Abzweigung zögert
das Pony kurz, dann geht es weiter.

Immer tiefer reiten sie in den Wald.
Außer dem Geräusch der Hufe
ist nichts zu hören.
Maries Herz klopft aufgeregt.
Aber Biene scheint
den Weg zu wissen.
Und Marie vertraut ihrem Pony.

Plötzlich stoßen sie
auf einen breiten Weg.
Biene bleibt stehen
und wartet auf die anderen Ponys.
„Diesen Weg kenne ich", sagt Lena.
„Da! Unsere Hufabdrücke!",
sagt Hannah und zeigt auf den Boden.

„Hier sind wir getrabt",
erinnert Marie sich.

Die Mädchen reiten schneller.

Vor ihnen liegt der Waldrand.

Von dort können sie die Dächer

von Ponyhof Apfelblüte sehen.

„Wir sind fast da!", ruft Hannah.

Dann reiten sie auf den Hof.

Marie ist so froh,

als sie den Apfelbaum sieht.

Frau Marle und Papa warten dort.

Sie sehen sehr besorgt aus.

„Ihr wart lange weg",

sagt Frau Marle.

Lena steigt von Samsons Rücken.

„Wir haben uns verirrt",

erzählt sie.

„Es war dunkel und neblig",

fügt Hannah hinzu. „Da haben wir

den Rückweg nicht mehr gefunden."

„Aber Biene wusste den Weg",

sagt Marie stolz.

Die Erwachsenen gucken überrascht.

Biene schnaubt, als wollte sie sagen:

Natürlich wusste ich den Weg!

Marie umarmt sie. „Du bist

das schlauste Pony der Welt!"

1. **Verkehrt herum! Auf welchem Ponyhof hat Marie Reitunterricht? Kreuze an.**

☐ ETÜLBNESOR

☐ ETÜLBLEFPA

☐ ETÜLBNENRIB

Antwort: Auf Ponyhof Apfelblüte

2. **Wie heißt Maries Lieblingspony? Kreise den richtigen Namen ein.**

WESPEFLIEGEKÄFERBIENEHUMMEL

Antwort: Biene

3. **Ordne die Grundgangarten von Ponys von langsam nach schnell.**

Trab Galopp Schritt

Antwort: 1. Schritt, 2. Trab, 3. Galopp

4. Wie findet Marie es, zum ersten Mal im Galopp zu reiten? Bringe die Silben in die richtige Reihenfolge.

TISCH   FAN   TAS

Antwort: Fantastisch

5. Was kaufen Marie und ihr Vater nicht im Reitladen?

Antwort: Reithelm

6. Mit welchen Mädchen macht Marie ihren ersten Ausritt? Bringe die Buchstaben der beiden Namen in die richtige Reihenfolge.

ANEL   NAHNAH

Antwort: Lena und Hannah

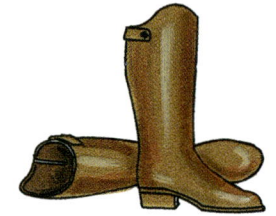

7. **Was denkt Marie beim Ausritt? Trage die fehlenden Buchstaben ein.**

Das is___ ja wie f___iege___!

Antwort: Das ist ja wie fliegen!

8. **Welches Tier entdeckt Marie beim Ausritt? Findest du es im Buchstabengitter?**

R	U	H	U	N	D
B	A	R	D	E	R
Ä	U	J	K	K	I
R	L	R	E	H	J
D	A	U	S	F	E
U	R	A	T	T	E

56

Antwort: Reh

9. Wie nennt Marie den Baum, an dem sie zweimal vorbeireiten? Kreuze an.

☐ Zauberbaum

☐ Magischer Baum

☐ Hexenbaum

Antwort: Hexenbaum

10. Welches Pony führt die Mädchen zurück zum Stall? Kreise ein.

Antwort: Biene

Schritt (Seite 8):

In der langsamsten Grundgangart läuft ein Pony ungefähr fünf Kilometer pro Stunde, also etwa so schnell wie wir Menschen, wenn wir normal gehen.

Trab (Seite 8):

Im Trab ist ein Pony schon deutlich schneller. Hier schafft es zwischen 10 und 20 Stundenkilometer.

galoppieren (Seite 13):

In der schnellsten Grundgangart, dem Galopp, erreichen Ponys bis zu 60 Stundenkilometer. So schnell können sie aber nicht sehr lange laufen.

Ausritt (Seite 15):

Reitstunden in der Reithalle oder auf dem Reitplatz sind schön – aber noch viel mehr Spaß macht den

meisten Reiterinnen und Reitern, mit ihren
Ponys durch die Natur zu reiten. Das nennt
man einen Ausritt.

Stiefel (Seite 18):

Reitstiefel sind wichtig, wenn man mit Steigbügeln
reitet. Ihre Sohle ist nämlich durchgängig. So bleibt
man bei einem Sturz nicht hängen, sondern gleitet
einfach aus den Steigbügeln. Außerdem sind
Reitstiefel an der Innenseite etwas dünner, damit
man das Pony mit den Beinen gut lenken kann.

satteln (Seite 24):

Bevor man das Pony sattelt, muss es geputzt werden,
damit kein Schmutz unter dem Sattel zwickt. Unter den
Sattel gehört immer eine Satteldecke. Sie darf keine
Falten werfen. Der Sattel wird von vorne
nach hinten darübergeschoben und erst
dann gegurtet.

Blättere schnell um und trage die roten Buchstaben
in der richtigen Reihenfolge in die Kästchen ein!

Pippa Young lebt auf dem Land in England. Wenn es nicht gerade regnet, findet man sie fast immer beim Reiten – und manchmal sogar, wenn es regnet! Sie liebt es, über all ihre Lieblingsponys vom Ponyhof Apfelblüte zu schreiben.

Lisa Althaus studierte an der Universität für angewandte Kunst in Wien und an der Akademie der Bildenden Künste in München. Sie wohnt in der Bodenseegegend und arbeitet als freie Künstlerin und Illustratorin.

Das Leselöwen-Lösungswort

Besuche den Leselöwen auf
www.leseloewen.de und trage
die farbigen Buchstaben
von der Seite *Schon gewusst?*
in der richtigen Reihenfolge
in die magische Box ein.

Wenn du das Lösungswort
gefunden hast, kommst du
auf die geheime Seite mit vielen
weiteren Spielen und Rätseln!

Der **Leselöwe** freut sich auf dich!

Jetzt
online!